ATELIER

DE FEU

J.-A. MARIOTON

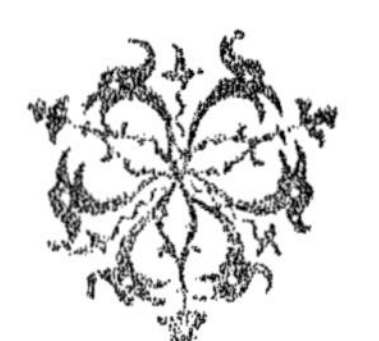

CATALOGUE

DES

TABLEAUX

ET

Pastels

PAR

Feu J.-A. MARIOTON

Et garnissant son Atelier

DONT LA VENTE AURA LIEU

HOTEL DROUOT, SALLE N° 2

Le Mardi 22 Décembre 1903

A DEUX HEURES

COMMISSAIRES-PRISEURS

Me PAUL CHEVALLIER	Me LÉON FONTAINE
10, rue Grange-Batelière, 10	5, rue Laffitte, 5

EXPERT

M. GEORGES PETIT

12, rue Godot-de-Mauroi, 12

EXPOSITION PUBLIQUE

Le Lundi 21 Décembre 1903, de 1 h. 1/2 à 5 h. 1/2

CONDITIONS DE LA VENTE

Elle sera faite au comptant

Les acquéreurs payeront *dix pour cent* en sus des prix d'adjudication.

Paris. — Imp. Georges Petit. — 13864-03

TABLEAUX

1 — *Les Arts.*

En haut, à gauche, auréolée d'un soleil éclatant de lumière, une longue théorie de jeunes femmes qui personnifient la peinture et la sculpture.

A droite, monté sur Pégase aux ailes déployées, entourée de petits amours joufflus, la poésie tient une lyre en mains.

A droite encore, et en bas, mollement étendue sur une nuée, la musique écoute attentivement le chœur des séraphins qui voltigent autour d'elle.

Signé à droite, en bas.

Haut., 5 m.; larg., 4 m.

2 — *Daphnis et Chloé.*

Couché sur le dos, à l'ombre d'un bosquet, qui laisse apercevoir à travers des arbres l'horizon lointain, le jeune berger est étendu sur le gazon, une peau de chèvre sous les reins.

A ses côtés, Chloé, boudeuse, vêtue d'une tunique brune, la gorge et les bras nus, le regarde.

Signé à gauche, en bas.

Haut., 2 m.; larg., 1 m. 10.

3 — *Jeux d'enfants.*

Dans le bassin d'une fontaine, ombragée d'un grand saule derrière lequel on aperçoit le soleil couchant, trois petites fillettes jouent. L'une, de la main droite, jette de l'eau à ses deux compagnes qui s'enfuient effarées.

Signé à droite, en bas.

Haut., 1 m. 75; larg., 57 cent.

4 — *Étude de plafond.*

Dans un ciel azuré, un génie ailé enlève dans ses bras une jeune femme nue. A gauche, en bas, couchée sur des nuées, une femme est vue, demi-nue, entourée d'amours.

Signé à gauche, vers le milieu.

Haut., 1 m.; larg., 81 cent.

5 — *Le Bain.*

Sur des gradins de marbre qui conduisent à une vasque remplie d'eau transparente, une jeune femme, enveloppée d'étoffe bleue, soutenue par une de ses compagnes, s'apprète à entrer au bain, sollicitée par une autre jeune femme entièrement nue.

Haut., 2 m.; larg., 1 m. 40.

6 — *Le Baiser donné.*

Dans un jardin d'un château, dont on voit au fond la silhouette, une jeune femme en corsage bleu, jupe blanche, donne la main à baiser à un jeune marquis en habit de soie saumon.

Haut., 36 cent.; larg., 25 cent.

7 — *Sérénade à Venise.*

Sur un balcon qui donne sur un des canaux de Venise, deux personnages écoutent les accents mélodieux de musiciens dont la barque s'est arrêtée au pied du palais.

Haut., 46 cent.; larg., 12 cent.

8 — *Le Galant entretien.*

Assise sur un banc dans un jardin, au sommet d'un perron, une jeune marquise Louis XV écoute le frivole marivaudage d'un jeune seigneur qui se tient derrière elle.

Haut., 46 cent.; larg., 12 cent.

9 — *Le Triomphe de Napoléon.*

Signé à droite, en bas.

Haut., 65 cent.; larg., 81 cent.

10 — *Fillette cueillant des fleurs.*

Haut., 45 cent.; larg., 38 cent

11 — *Le Dénicheur d'oiseaux.*

Haut., 1 m. 05 ; larg., 85 cent.

12 — *L'Escarpolette.*

Haut., 1 m. 05; larg., 85 cent.

13 — *L'Enfant aux lilas.*

Haut., 1 m. 05 ; larg., 85 cent.

14 — *L'Abondance apportant les produits de la terre à la Ville de Paris.*

Haut., 57 cent.; larg., 57 cent.

15 — *Les Amours.*

Signé à droite, en bas.

Haut., 1 m. 24; larg., 89 cent.

16 — *Etude pour un plafond.*

Haut., 64 cent.; larg., 87 cent.

17 — *Étude pour un plafond.*

Haut., 75 cent.; larg., 91 cent

18 — *La Femme aux roses.*

Haut., 62 cent.; larg., 81 cent.

19 — *Étude pour un plafond.*

Haut., 62 cent.; larg., 72 cent.

20 — *Portrait de femme dans un jardin.*

Signé à gauche, en bas.

Haut., 35 cent.; larg., 27 cent.

21 — *Portrait de femme.*

Signé à gauche, en haut.

Haut., 41 cent., larg., 32 cent.

22 — *Jeunesse.*

Haut., 57 cent.; larg., 46 cent.

23 — *Tête d'enfant.*

Daté : *12 juin 1901.*

Haut., 23 cent.; larg., 25 cent.

24 — *La Sculpture.*

Haut., 13 cent.; larg., 24 cent.

25 — *La Peinture.*

Haut., 13 cent.; larg., 24 cent.

26 — *Le Baiser.*

Haut., 24 cent.; larg., 31 cent.

27 — *Le Bain.*

Haut., 35 cent.; larg., 24 cent.

28 — *Quatuor d'amateurs.*

Haut., 19 cent.; larg., 43 cent.

29 — *La Farandole.*

Haut., 19 cent.; larg., 43 cent.

30 — *La Bascule.*

Haut., 19 cent.; larg., 43 cent.

31 — *Enfants jouant.*

Haut., 19 cent.; larg., 43 cent.

32 — *La Vendange.*

Esquisse pour un plafond.

Haut., 42 cent.; larg., 22 cent.

33 — *La Nymphe et le Berger.*

Haut., 43 cent.; larg., 27 cent.

34 — *Étude pour un plafond.*

Signé à droite, en bas.

Haut., 35 cent.; larg., 48 cent.

35 — *Nature morte : pêches et raisins.*

Haut., 65 cent.; larg., 53 cent.

36 — *Étude pour un plafond.*

Signé à droite, en bas.

Haut., 60 cent.; larg., 77 cent.

37 — *Les Roses trémières.*

Haut., 71 cent.; larg., 47 cent.

38 — *Harmonie champêtre.*

Long., 51 cent.; larg., 70 cent

39 — *Respirant une fleur.*

Haut., 78 cent.; larg., 60 cent.

40 — *Étude pour un plafond.*

Haut., 93 cent.; larg., 68 cent.

41 — *Étude pour un plafond.*

Haut., 65 cent.; larg., 85 cent.

42 — *Le Repos aux champs.*

Signé à droite, en bas.

Haut., 32 cent.; larg., 45 cent.

43 — *Esquisse de plafond.*

Signé à droite, en bas.

Haut., 65 cent.; larg., 53 cent.

44 — *Portrait de Mme X...*

Signé à droite, en haut, et daté: *1900.*

Haut., 75 cent.; diam., 60 cent.

45 — *Scène allégorique.*

Signé à gauche, en haut, et daté: *1888.*

Haut., 1 m. 45; larg., 1 m. 15.

46 — *Étude de plafond.*

Haut., 90 cent.; larg., 1 m. 17.

47 — *Étude pour un plafond.*

Haut., 83 cent.; larg., 1 m. 30.

48 — *Le Sommeil.*

Haut., 65 cent.; larg., 54 cent.

49 — *Esquisse pour un plafond.*

Haut., 54 cent.; larg., 43 cent.

50 — *Plaisirs champêtres.*

Haut., 16 cent.; larg., 64 cent.

51 — *Étude pour un plafond.*

Haut., 54 cent.; larg., 52 cent.

52 — *Esquisse pour un plafond.*

Haut., 61 cent.; larg., 43 cent.

53 — *L'Aurore.*

Haut., 60 cent.; larg., 67 cent.

54 — *Étude pour un plafond.*

Haut., 90 cent.; larg., 66 cent.

55 — *Scène allégorique.*

Haut., 55 cent.; larg., 38 cent.

56 — *Portrait de jeune enfant.*

Haut., 43 cent.; larg., 58 cent.

57 — *Les Fées de la fontaine.*

Haut., 50 cent.; larg., 34 cent.

58 — *Les Bacchantes.*

Haut., 46 cent.; larg., 25 cent.

59 — *Portrait de jeune femme.*

Haut., 32 cent.; larg., 34 cent.

60 — *Secrets d'amours.*

Haut., 17 cent.; larg., 42 cent.

61 — *Le Songe.*

Haut., 39 cent.; larg., 27 cent.

62 — *Amours volant.*

Haut., 32 cent.; larg., 17 cent.

63 — *La Nuit.*

Haut., 23 cent.; larg., 31 cent.

64 — *Études de bacchantes.*

Haut., 24 cent.; larg., 31 cent.

65 — *Études pour une bacchante.*

Haut., 24 cent.; larg., 31 cent.

66 — *La Science.*

Haut., 20 cent.; larg., 23 cent.

67 — *Tête de jeune femme.*

Haut., 23 cent.; larg., 25 cent.

68 — *Amours respirant des fleurs.*

Haut., 13 cent.; larg., 31 cent.

69 — *Amours.*

Haut., 13 cent.; larg., 31 cent.

70 — *Le Printemps.*

Haut., 16 cent.; larg., 30 cent.

71 — *Les Fruits.*

Haut., 16 cent.; larg., 30 cent.

72 — *La Vendange.*

Haut., 16 cent.; larg., 30 cent.

73 — *Aux Champs.*

Haut., 16 cent.; larg., 30 cent.

74 — *La Chasse.*

Haut., 16 cent.; larg., 30 cent.

75 — *La Pêche.*

Haut., 16 cent.; larg., 30 cent.

76 — *Le Café.*

Haut., 16 cent.; larg., 30 cent.

77 — *La Toilette.*

Haut., 29 cent.; larg., 13 cent.

78 — *La Charmeuse de pigeons.*

Haut., 29 cent.; larg., 13 cent.

79 — *L'Aurore.*

Haut., 29 cent.; larg., 13 cent.

80 — *Printemps fleuri.*

Haut., 29 cent.; larg., 13 cent.

81 — *L'Automne.*

Haut., 21 cent.; larg., 13 cent.

82 — *L'Été.*

Haut., 29 cent.; larg., 13 cent.

83 — *La Cueillette des roses.*

Haut., 29 cent.; larg., 13 cent.

84 — *Le Crépuscule.*

Haut., 29 cent.; larg., 13 cent.

85 — *La Nuit.*

Haut., 29 cent.; larg., 13 cent.

86 — *La Charmeuse de pigeons.*

Haut., 29 cent.; larg., 13 cent.

87 — *Quatre médaillons dans un même cadre.*

Haut., 18 cent.; larg., 18 cent.

88 — *L'Étude.*

Haut., 31 cent.; larg., 26 cent.

89 — *Étude pour un plafond.*

Haut., 38 cent.; larg., 29 cent.

90 — *L'Agriculture.*

Haut., 43 cent.; larg., 22 cent.

91 — *Étude pour un plafond.*

Haut., 44 cent.; larg., 26 cent.

92 — *Étude pour un plafond.*

Haut., 41 cent.; larg., 41 cent.

93 — *Femme nue couchée.*

Haut., 32 cent.; larg., 40 cent.

94 — *Étude pour un plafond.*

Haut., 36 cent.; larg., 36 cent.

95 — *Le Baiser.*

Haut., 44 cent.; larg., 29 cent.

96 — *La Musique.*

Haut., 43 cent.; larg., 28 cent.

97 — *L'Escarpolette.*

Haut., 44 cent.; larg., 29 cent.

98 — *Tête de fillette.*

Haut., 43 cent.; larg., 33 cent.

99 — *Tête de petite fillette.*

Haut., 31 cent.; larg., 27 cent.

100 — *Le Réveil de la nymphe.*

Haut., 29 cent.; larg., 38 cent.

101 — *Le Secret des amours.*

Haut., 29 cent.; larg., 38 cent.

102 — *Tête de jeune enfant.*

Haut., 40 cent.; larg., 28 cent.

103 — *Tête de petite fille.*

Haut., 40 cent. ; larg., 32 cent.

104 — *Étude pour un plafond.*

Haut., 55 cent.; larg., 35 cent.

105 — *Étude pour un plafond.*

Haut., 55 cent.; larg., 46 cent.

106 — *Études de bacchantes.*

Haut., 38 cent.; larg., 46 cent.

107 — *Amours jouant.*

Haut ., 35 cent. ; larg., 50 cent.

108 — *La Pêche à la ligne.*

Haut., 27 cent.; larg., 35 cent.

109 — *Les Amours.*

Haut., 36 cent.; larg., 28 cent.

110 — *Étude pour un plafond.*

Haut., 41 cent.; larg., 32 cent

111 — *La Chasse.*

Signé à droite, en bas.

Haut., 27 cent.; larg., 35 cent.

112 — *Amours jouant avec une gaze bleue.*

Haut., 35 cent.; larg., 27 cent.

113 — *Amusements de bacchantes.*

Haut., 37 cent.; larg., 47 cent.

114 — *Dans les fleurs.*

Haut., 32 cent.; larg., 17 cent.

115 — *La Musique.*

Haut., 46 cent.; larg., 37 cent.

116 — *La Lecture dans le jardin*

Haut., 32 cent.; larg., 40 cent

117 — *Tête de jeune enfant.*

Haut., 33 cent.; larg., 27 cent.

118 — *Dans l'Atelier.*

Signé à gauche, en bas.

Haut., 46 cent.; larg., 55 cent.

119 — *Un Coin d'atelier.*

Signé à droite, en bas.

Haut., 32 cent.; larg., 41 cent.

120 — *La Fin d'un dîner.*

Haut., 40 cent.; larg., 34 cent.

121 — *Une Salle de château.*

Haut., 32 cent.; larg., 41 cent.

122 — *Le Singe.*

Haut., 37 cent.; larg., 28 cent.

123 — *Les Perroquets.*

Haut., 37 cent.; larg., 28 cent.

124 — *Le Lac au soleil couchant.*

Haut., 60 cent.; larg., 92 cent.

125 — *Le Palais de la Douane, à Venise.*

Signé à gauche, en bas : *Venise, 92, 7 h. soir.*

Haut., 19 cent.; larg., 31 cent.

126 — *Canal à Venise.*

Haut., 13 cent.; larg., 31 cent.

127 — *Vue de Venise, le soir.*

Haut., 13 cent.; larg., 31 cent.

128 — *Canal à Venise.*

Haut., 18 cent.; larg., 31 cent.

129 — *Un Canal à Venise.*

Haut., 40 cent.; larg., 27 cent.

130 — *Carcassonne (2 février 1890).*

Haut., 23 cent., larg., 31 cent.

131 — *La Moisson.*

Haut., 16 cent.; larg., 30 cent.

132 — *Le Chemin du village.*

Haut., 46 cent.; larg., 38 cent.

133 — *Le Tournant de la rivière.*

Haut , 31 cent.; larg., 20 cent.

134 — *Le Vieux pont.*

Haut., 41 cent., larg., 37 cent.

135 — *Le Chemin des champs.*

Haut., 32 cent.; larg., 46 cent.

136 — *Un Coin du jardin fleuri.*

Haut., 26 cent.; larg., 30 cent.

137 — *Un Massif de fleurs.*

Haut., 30 cent.; larg., 38 cent.

138 — *Le Pommier fleuri.*

Haut., 13 cent.; larg., 31 cent.

139 — *Un Coin de jardin.*

Haut., 29 cent.; larg., 38 cent.

140 — *Roses et orchidées.*

Haut., 41 cent.; larg., 29 cent.

141 — *La Plage à Scheveningue.*

Haut., 39 cent.; larg., 65 cent.

PASTELS

142 — *Près de la fontaine.*

143 — *Tendresse.*

144 — *Le Lac au soleil couchant.*

145 — *Tête d'enfant dormant.*

146 — *Au clair de lune.*

147 — *Enfant jouant.*

COLLECTION PARTICULIÈRE

CABRIT

148 — *Le Peintre dans son atelier.*

Signé en bas, avec cette dédicace : *A mon ami Marioton.*

Pastel. Haut., 50 cent.; larg., 63 cent.

SIGNORET

149 — *Pleine mer.*

Signé à droite, en bas, avec cette dédicace : *A l'excellent ami Marioton, mars 96.*

Toile. Haut., 33 cent.; larg., 41 cent.

150 — Sous ce numéro seront vendus les objets non catalogués.

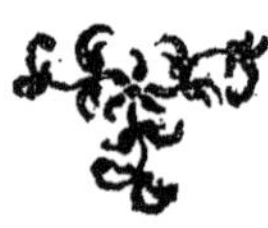

www.ingramcontent.com/pod-product-compliance
Ingram Content Group UK Ltd.
Pitfield, Milton Keynes, MK11 3LW, UK
UKHW020533180726
13839UKWH00005B/2482

9 782329 535500